Hallelujah

For Colleen,
Beautiful friend !

Hallelujah

Haiku, Senryu, Tanka
by
Terry Ann Carter

traduit de l'anglais
par
Mike Montreuil

BuschekBooks
Ottawa

you knew me when
these poems were just
dreams
love !
Terry

Cataloguing in Publication Data

Carter, Terry Ann
        Hallelujah : haiku, senryu, tanka / by Terry Ann Carter
; traduit de l'anglais par Mike Montreuil.

Text in English and French.
ISBN 978-1-894543-73-6

        I. Montreuil, Mike, 1958- II. Title.

PS8555.A77296H355 2012   C811'.54   C2012-901542-3E

Catalogage avant publication de Bibliothèque et Archives Canada

Carter, Terry Ann
        Hallelujah : haiku, senryu, tanka / by Terry Ann Carter ; traduit
de l'anglais par Mike Montreuil.

Texte en anglais et en français.
ISBN 978-1-894543-73-6

        I. Montreuil, Mike, 1958- II. Titre.

PS8555.A77296H355 2012   C811'.54   C2012-901542-3F

Cover design by Peter Vernon Quenter.
Printed by Hignell Book Printing, Winnipeg, Manitoba, Canada.

BuschekBooks, P.O. Box 74053, 5 Beechwood Avenue, Ottawa, Ontario, K1M 2H9, Canada, URL: www.buschekbooks.com

BuschekBooks gratefully acknowledges the support of the Canada Council for the Arts for its publishing program.

**Canada Council
for the Arts**

**Conseil des Arts
du Canada**

in memory of Marianne Bluger

(past the stars)

poet, mentor, friend

en mémoire de Marianne Bluger

(au-delà des étoiles)

poète, mentor, amie

Contents
Table des matières

Some of these poems first appeared in *Frogpond*, *Haiku Friends Vol 2* (edited by Masaharu Hirata), *Basho Festival Anthology*, *Heron's Nest*, *Haiku North America Anthology*, *Haiku Society of America Anthology*, *Simply Haiku*, *RAW NerVZ*, *Yomiuri Daily Times* (Japan), *stillness* (ming editions), *Bottle Rockets*, *Haiku Canada Journal*, *And Left A Place To Stand (Poems and Essays on Al Purdy)* edited by Allan Briesmaster, John B. Lee, Linda Rogers, R.D. Roy, *Gusts: Contemporary Journal of Tanka*, *Crossing Yangtze* (Bondi Press), *Snapshot Press Haiku Calendar*, *Red Moon Press Anthology, 2009*, *3Lights: Quarterly Journal of Haiku, Senryu, and Tanka (Australia)*, *EPN* (Electronic Poetry Network), *Lilliput Review*, *The Temple Bell Stops: Contemporary Poems of Grieving, Loss and Change*, edited by Robert Epstein, *Take Five: Best Contemporary Tanka* Vol. 3, 2011, *A Monk's Fine Robes: Haiku from Cambodia, Leaf Press, 2011*, *Moonbathing: A Journal of Women's Tanka*, *Now You Know,* King's Road Press, 2011, *Lighting the Global Lantern: A Teacher's Guide to Writing Haiku and Related Literary Forms*, Wintergreen Studios Press, 2011.

Awards:
Lucy Maud Montgomery Award (first place)
Second Basho Haiku Challenge (HM)
R.H. Blyth's People's Choice Award (first place)
Vancouver International Cherry Blossom Festival (first place)
Betty Drevniok Award (HM)
The Great Canadian Haiku Contest (first place)
The Origami Crane Award

Introduction: The Varied Music of Living

In these evocative haiku, senyru, and tanka, Terry Ann Carter gives us the unique perspective of an urban woman whose sensibilities embrace both the natural and human worlds. She celebrates that intersection with words and images that seamlessly merge the two. From the opening poem's wail of an ambulance in counterpoint with birdsong, to the songs of mating frogs in the closing verse, the varied music of living reverberates here.

In some of the pieces we feel her nostalgia for the halcyon days of youth:

looking again at the photo
I remember
the earrings I wore
the music
we danced to

while in others, her recognition of the irony and vulnerability of being a parent:

although I swore
I'd never say it
YOU CALL THAT MUSIC?
at my son's
bedroom door

Carter captures the panorama of the streets, from street hockey to the Montreal metro station with the wail of a saxophone. She gives us humor in poems like,

baby boomers
our chin hairs
still…blowin' in the wind

~~

Introduction: Les variations musicales de la vie

Dans cet ouvrage où l'on retrouve des haïkus, des senryus
et des tankas évocateurs, Terry Ann Carter nous présente la
perspective unique d'une femme urbaine dont la sensibilité
traite tout aussi bien de la nature que de l'humain. Elle célèbre
la jonction de ces deux mondes avec des mots et des images
qui les fusionnent harmonieusement. Entre le premier poème,
où l'ambulance hurle en contrepoint avec le chant des oiseaux
et le dernier texte qui clôt le recueil au son de grenouilles
en période d'accouplement, c'est la vie qui résonne avec ses
variations musicales.

Dans certains poèmes, on ressent sa nostalgie des jours
paisibles de sa jeunesse :

regardant encore la photo
je me souviens
des boucles d'oreilles que je portais
la musique
nous avons danser avec

tandis que dans d'autres poèmes, c'est plutôt une certaine
dérision et la vulnérabilité d'être parent que l'on remarque :

même si j'ai juré
de ne jamais dire
TU APPELLES ÇA DE LA MUSIQUE?
à la porte de la chambre
de mon fils

Terry Ann Carter capte la diversité des rues, en passant par
celle où on joue au hockey, jusqu'à celle qui mène à une station
de métro de Montréal, où se lamente un saxophone. Elle nous
donne à sourire dans des poèmes comme :

underground parking
no space
for the moon

and poignance in haiku and tanka that are loving tributes to her mother, expressing grief at her loss in this opening tanka from the sequence "Duet".

one year
since her passing
I prepare a Christmas tea
in my mother's memory
the calendar stained with grease

Particularly moving are two tanka sequences that reflect the challenges of her husband's health issues—in which she offers poems like these from "Part Two: The Music From Your Mouth":

in sickness and in health
so many years ago
your hippie hair
long
on our wedding day

~~

so much worry
about your transplanted organ
no time
to appreciate
this cherry petal season

or, from "Part Five: Maestro":

baby-boomers—
nos poils au menton
toujours…"blowin' in the wind"

~~

parking souterrain
aucune place
pour la lune

et nous bouleverse par des haïkus et des tankas qui témoignent
de son amour pour sa mère, en révélant sa peine suite à la mort
de celle-ci, dans ce tanka d'ouverture de la séquence «Duo» :

une année
depuis son départ
je prépare un thé de Noël
en mémoire de ma mère—
le calendrier taché de graisse

Deux autres séquences de tankas, particulièrement émouvants,
relatent les aléas de la maladie de son époux, dans lesquels elle
nous offre des poèmes comme ceux de la «Deuxième partie :
La musique de ta bouche»:

en santé et en maladie
toutes ces années passées
tes cheveux hippies
longs
le jour de notre mariage

~~

tant de souci
pour ton organe greffé
aucun temps
pour apprécier
cette saison de pétales de cerisiers

ou de la «Cinquième partie : Maestro»:

13

Christmas night
I drive you back
to the hospital
we take the river road
moving against the current

Carter's love for her husband, along with her frustration at the toll illness is taking on him, and on them both, comes through with clarity and power.

Yet she is always open to the joy and surprises of life, her images resonating with the beauty and mystery of the planet, as in these haiku:

after the sound
of ebb tide over stone
its glitter

~~

the Great Blue Heron
stretches
into its own shadow

And in the poems from "Part Eight: Homesick in Asia" she takes us to Tokyo, Shanghai, and Phnom Penh, brings us face to face with chanting monks and street children, and lets us hear temple bells at dusk.

Terry Ann Carter came to haiku in the mid-90's mainly under the guidance/mentorship of Marianne Bluger. She read the classics, but immediately became interested in modern approaches to the genre. In 2001, with Marianne Bluger, she formed "KaDo Ottawa"—a meeting place for haiku poets in the Ottawa and surrounding area, with a launch of a broadsheet each spring at the Japanese Embassy; and served Haiku Canada for four years as vice-president. She will become President in the spring of 2012. She has organized four haiku conferences

nuit de Noël
je te ramène
à l'hôpital
nous prenons le chemin de la rivière
à contre-courant

L'amour que porte Carter pour son mari, tout comme ses frustrations face au sort que leur réserve la maladie de ce dernier, nous parviennent avec clarté et force.

Malgré tout, l'auteure demeure toujours perméable à la joie et aux surprises de la vie. Les images qu'elle emprunte font écho aux beautés et aux mystères de la planète, telles que livrées dans ces haïkus :

après le bruit
du reflux sur la roche
sa brillance

~~

le grand héron bleu
s'étire
dans son ombre

Et dans les poèmes de la «Huitième partie : En Asie, si loin de la maison», elle nous amène à Tokyo, Shaghaï et Phnom Penh, devant les moines et leurs chants récitatifs, ainsi que les enfants de la rue, au son des cloches du crépuscule.

Sous la gouverne de sa mentore Marianne Bluger, Terry Ann Carter s'est initiée au haïku, dans le milieu des années '90. Elle a lu les haïkus des maîtres, mais rapidement elle fut intéressée par les approches modernes du haïku. En 2001, elle a fondé avec Marianne Bluger le «KaDo Ottawa», un regroupement d'haïkistes habitants les environs d'Ottawa, où se tient

at Carleton University, and chaired the Haiku North America conference at the Library and Archives Canada.

Carter attended the Basho Festival in Ueno, Japan, and participated in a dance and renku presentation at the Tenri Center in New York City.

However impressive these accomplishments may be, it is in her poems that Carter gives us the greatest gift. In her haiku, senyru, and tanka, she captures moments of the journey we all must make, meeting both heartache and joy along the way. She offers us these many meaningful moments from her life, and with both heart and skill, she makes them ours. And we are grateful.

Penny Harter
January, 2010

également le lancement annuel, à chaque printemps, d'un journal grand format, à l'ambassade du Japon. Elle a également travaillé pour Haiku Canada, en tant que vice-présidente. Elle a déjà organisé quatre conférences sur le Haïku, à l'Université de Carleton et présidé la conférence de Haiku North America à la Bibliothèque et Archives Canada.

Parmi de nombreux prix littéraires, mentionnons la première place au Concours Basho, à Ueno, au Japon, en 2002. De plus, elle a participé à une présentation de dance et de renkus, au Tenri Cultural Institute, à New-York.

Malgré cette impressionnante feuille de route, c'est à travers son univers poétique que Carter nous transmet ses plus belles réalisations. Dans ses haïkus, ses senryus et ses tankas, elle saisit des instants du voyage humain, à la rencontre des joies et des peines. Ces moments signifiants, puisés à même sa propre vie, nous sont révélés, ici, empreints d'universalité, grâce à sa générosité et à son intelligence. Et pour cela, nous lui en sommes reconnaissants.

Penny Harter
janvier 2010

Part One: Hallelujah

Première partie: Hallelujah

in and out
of the ambulance's wail
bird song

entre le va-et-vient
des plaintes d'ambulance
chant d'oiseaux

my children's choir
the long solo
by the youngest voice

chorale de mes enfants
le long solo
de la plus jeune

plucking my eyebrows
even the junipers, pruned
in the Japanese garden

j'épile mes sourcils
même les genévriers, taillés
dans le jardin japonais

coin into his cap
the fiddler
gives a wink

un sou dans son chapeau
le violoneux
fait un clin d'œil

to be loved
by the lips
of the beat boxer

être aimé
par les lèvres
du « beat boxer »

endless rain
in my mother's kitchen
the snap, snapping of beans

pluie sans fin
dans la cuisine de ma mère
le crac, craquement des haricots

baby boomers
our chin hairs
still...*blowin' in the wind*

baby-boomers -
nos poils au menton
*toujours...*blowin' in the wind

after carollers
the donkey on top of Jesus
in the children's manger

après les chants de Noël
l'âne au-dessus de Jésus
dans la mangeoire des enfants

listening
to Brazilian folk music
we crack nuts
and steer the conversation
to feminism

écoutant
la musique Brésilienne
nous cassons des noix
et poursuivons notre conversation
sur le féminisme

kettle's whistle
again, my mother refuses
green tea

la bouilloire siffle
encore, ma mère refuse
du thé vert

gym workout
the weight
of the music

entraînement au gym
le poids
de la musique

treadmill
that same song
over and over

tapis roulant
cette même chanson
encore et encore

morning recess bell
all the little fingers
in the puzzle

cloche de la récré
tous les petits doigts
sur le casse-tête

stream rising from the bath
her song
into the night

la vapeur du bain
sa chanson
dans la nuit

street hockey
young boys shoot cherry petals
into the net

hockey de rue
des garçons lancent des pétales de cerisier
dans le but

concert tent
a butterfly circles
the violin bow

chapiteau
un papillon tourne autour
de l'archet du violon

Canada Day heat wave
the dancer takes off
her earrings

le Jour du Canada canicule
la danseuse enlève
ses boucles d'oreilles

outdoor concert
a man in a wheelchair
sways to the tango

concert en plein air
un homme en chaise roulante
vacille avec le tango

Montreal metro station
the saxophone wails
"Summertime"
I emerge from underground
into blossoms

métro de Montréal -
un saxophone gémit
« Summertime »
je sors de la station
parmi les fleurs

after fireworks
marigolds
in the garden

après les feux d'artifice
des soucis
dans le jardin

first night
for the transplanted hydrangea
I cover the roots
and sing a lullaby
under stars

première nuit
pour les hydrangées transplantées
je recouvre les racines
et chante une berceuse
sous les étoiles

falling leaves
a last sip of coffee
before the bell rings

chute des feuilles
une dernière gorgée de café
avant la cloche

showing off
I start his sports car
on the hill

me vantant
je démarre son auto sport
sur la colline

just can't help it
correcting the grammar
of the blues singer

je ne peux pas arrêter
de corriger la grammaire
du chanteur de blues

"Michael row the boat ashore"
the only song he knows
hippie reunion

« Michael row the boat ashore »
la seule chanson qu'il connaît
réunion de hippies

second hand shop
a woman wears her hair
the way I used to

friperie
une femme porte ses cheveux
comme je le faisais

so cool
listening to the cool
jazz trumpeter

c'est cool
écoutant le trompettiste jazz
cool

ordering a Harvey's
charbroiled chicken
I wait in the drive through
Stravinsky's Firebird
on the car radio

commandant
mon poulet grillé Harvey's -
j'attends au service-au-volant
«l'Oiseau de feu» de Stravinsky
à la radio

whistling through the spaces
in his teeth
bagel maker

sifflant à travers les espaces
entre ses dents
le faiseur de bagel

high school musical
every heart breaking
on cue

comédie musicale du Secondaire
tous les cœurs brisés
en même temps

although I swore
I'd never say it
YOU CALL THAT MUSIC?
at my son's
bedroom door

même si j'ai juré
de ne jamais dire
TU APPELLES ÇA DE LA MUSIQUE?
à la porte de la chambre
de mon fils

staccato beat
of the hip hop street busker
rain on my umbrella

rythme staccato
du musicien ambulant hip-hop—
pluie sur mon parapluie

after the sound
of ebb tide over stone
its glitter

après le bruit
du reflux sur la roche
sa brillance

on shore breeze
waves break over
the gull's cry

brise sur la rivage
les vagues se brisent au-dessus
le cri du goéland

how close the moon
ahead
the flowering apple trees

si proche est la lune
devant
les pommiers en floraison

the Great Blue Heron
stretches
into its own shadow

le grand héron bleu
s'étire
dans son ombre

Part Two: The Music from your Mouth
(tanka sequence)

Partie Deux: La musique de ta bouche
(séquence de tanka)

in sickness and in health
so many years ago
your hippie hair
long
on our wedding day

en santé et en maladie
toutes ces années passées
tes cheveux hippies
longs
le jour de notre mariage

so much worry
about your transplanted organ
no time
to appreciate
this cherry petal season

tant de souci
pour ton organe greffé
aucun temps
pour apprécier
cette saison de pétales de cerisiers

topless
I serve you
breakfast in bed
wishing the grapefruit
were larger

seins nus
je te sers
un petit déjeuner au lit
espérant que les pamplemousses
soient plus larges

I peel the grapefruit
into a perfect treble clef
the discord
of frequent migraines
and nausea

j'épluche le pamplemousse
en une parfaite clé de sol
la discorde
des migraines fréquentes
et de la nausée

despite
angry words
I still hear
the music
from your mouth

malgré
des mots de colère
j'entends encore
la musique
de ta bouche

so long
since you have smiled
if only Cassiopeia
could light
your way

si longtemps
depuis ton dernier sourire
si seulement Cassiopée
pouvait illuminer
ton chemin

Part Three: Duet (tanka sequence)

Troisième partie: Duo (séquence de tanka)

one year
since her passing
I prepare a Christmas tea
in my mother's memory
the calendar stained with grease

une année
depuis son départ
je prépare un thé de Noël
en mémoire de ma mère—
le calendrier taché de graisse

winter light
through the blinds
all the baking supplies
lined up
on the counter

clarté *d'hiver*
à travers les stores
tous les ingrédients du gâteau
alignés
sur le comptoir

from another room
the ascending notes
of "The Flower Duet"
from Lakmé
a slight snow falling

d'une autre chambre
les notes ascendantes
du « Duo des fleurs »
de Lakmé—
neige légère

set in India
Lakmé and her servant
gather flowers by the riverside
frost
blossoms on my window

aux Indes
Lakmé et sa servante ramassent
des fleurs le long de la rivière
la givre
fleurit sur ma fenêtre

in mother's apron
I hum along
with the famous sopranos
flour dusting my arms
white jasmine—the snow

dans le tablier de ma mère
je fredonne
avec les sopranos célèbres—
la farine sur mes bras
jasmin blanc—la neige

Part Four: Late Night Radio

Quatrième partie: Radio du soir

shoulder to shoulder
at the funeral
he sings off key

épaule contre épaule
aux funérailles
il chante faux

Chopin etudes
on late night radio
pale lilies in a vase

sur la radio du soir
des études de Chopin
lys pâles dans un vase

so much of her grief
danced out
night on the river

nuit sur la rivière
tellement de son chagrin disparait
en dansant

summer rain
through the open window
my neighbour's wind chimes

pluie d'été
à travers la fenêtre ouverte
les carillons éoliens de mon voisin

at the opera
everyone dying
I notice the straight spine
of the woman
in front of me

à l'opéra
tous les personnages meurent
devant moi
j'aperçois
le dos droit de la femme

Facebook blues
missing my kids
more than ever

le blues de Facebook—
je manque mes enfants
de plus en plus

outdoor gallery
the aerial artist twirls
to Satie's piano
the slow drift
of leaves

galerie en plein air
l'artiste aérien tourbillonne
au piano de Satie
des feuilles
à la dérive

our last winter walk
from wind chime
to wind chime

notre dernière marche de l'hiver
d'un carillon éolien
à un autre

Christmas lights
over the women's shelter
blues on the radio

lumières de Noël
au-dessus du refuge pour femmes
des blues à la radio

foghorn
the island's coast
becoming fog

sirène de brume
la côte de l'ile
devenant la brume

ferry's wake
the white underbellies
of swerving gulls

sillage du traversier
les dessous blancs
des goélands qui s'écartent

hospital cafeteria
wilted salads
half price

cafétéria d'hôpital—
salades fanées
moitié prix

after the hospital visit
in our favourite restaurant
a waiter sings to the koi

après la visite à l'hôpital
dans notre restaurant préféré
un serveur chante à la carpe koï

underground parking
no space
for the moon

parking souterrain
aucune place
pour la lune

looking again at the photo
I remember
the earrings I wore
the music
we danced to

regardant encore la photo
je me souviens
des boucles d'oreilles que je portais
la musique
nous avons danser avec

watching black and white
Hollywood magic
with my dying mother
Fred and Ginger
light up our lives

regardant la magie d'Hollywood
en noir et blanc
avec_ma mère mourante
Fred et Ginger
illuminent nos vies

leaning from the window
so that I can hear it
but mostly
to smell it
summer rain

penché à la fenêtre
pour l'entendre
mais plutôt
pour la sentir
pluie d'été

peppermint tea
cooled now
and the memory of our voices
floating over lake water
and shore

thé à la menthe
maintenant froid
la mémoire de nos voix
flottant au-dessus du lac
et du rivage

my sons
in distant cities
those far away stars

mes garçons
dans des villes lointaines—
ces étoiles éloignées

mill pond
in first light
the low hum of bees

l'étang du moulin—
à l'aube
le bourdonnement bas des abeilles

in my white dress
by the ocean's waves
swirling
I remember dancing
in a dream

tournoyant
dans ma robe blanche
au bord des vagues de l'océan
je me souviens d'avoir dansé
dans un rêve

Part Five: Maestro (tanka sequence)

Cinquième partie: Maestro (séquence de tanka)

Christmas night
I drive you back
to the hospital
we take the river road
moving against the current

nuit de Noël
je te ramène
à l'hôpital
nous prenons le chemin de la rivière
à contre-courant

at the hospital entrance
a string
of Christmas lights
the last one
broken

à l'entrée de l'hôpital
une série
de lumières de Noël
la dernière
cassée

I say goodbye
near the soap dispenser
you insist on walking
down the sterile corridor
alone

je dis au revoir
près du distributeur de savon
tu insistes pour marcher
seul
dans le corridor stérile

over the years I've learned
that you need to do
what you need to do
those unbending oaks
outside Emergency

avec les ans j'ai appris
que vous devez faire
ce que vous devez faire
ces chênes inflexibles
en dehors de l'Urgence

on the drive home
the night is cold
the water, black
not a single star
in the river's sky

retour à la maison
la nuit est froide
l'eau, noire
pas une seule étoile
dans le ciel de la rivière

arriving at my front door
I think of what I might do
to ease
this aching heart
ice along the path

arrivant devant ma porte
je pense à ce que je dois faire
pour soulager
mon cœur blessé
glace sur l'allée

in the dark living room
I stumble
onto an idea
the "Hallelujah Chorus"—
I'll conduct it at midnight

dans le salon sombre
je trébuche
sur une idée
le Chœur Alléluia—
je le dirigerai à minuit

wind
shifts the snow
over frozen footprints
the imaginary baton
begins an upbeat

le vent
souffle la neige par-dessus
les empreintes gelées—
le bâton imaginaire
bat la mesure

King of Kings
and Lord of Lords
eyes closed
arms raised
the haloed moon

Roi des Rois
et Seigneur des Seigneurs
yeux fermés
bras levés
la lune auréolée

Part Six: Green Glow Song of the Microwave Clock

Sixième partie: La chanson de l'horloge vert fluo du micro-onde

my son not yet in
from the long drive home
in freezing rain
I compose myself
writing tanka poems

mon fils tarde à rentrer
d'un long trajet
sous la pluie verglaçante
je calme mon inquiétude
en écrivant des tankas

how often
I go to the window
watching for his car
the lonely moon
at the end of our street

combien de fois
vais-je scruter la fenêtre
pour sa voiture
lune solitaire
au bout de notre rue

only so many words
to complete these poems
the fireplace embers
burn down
to ash

quelques mots suffisent
pour compléter ces poèmes
la braise du foyer
se couvre
de cendres

in the next room
such a faint glimmer
of moonlight
the long shadows
of the shadow puppet

dans l'autre chambre
la faible lueur
du clair de lune
longues silhouettes
des ombres chinoises

perhaps a cinematic classic
is what I need
Bogart, Bacall…
they don't write for movies
like they used to

peut-être qu'un classique du cinéma
me ferait du bien
Bogart, Bacall
ils n'écrivent plus de films
comme autrefois

"here's looking at you kid"
and I don't give
a hill of beans
how sentimental
I can be

"here's looking at you kid"
et je me fous
complètement
d'avoir l'air
sentimentale

an albatross
around a mother's neck
this waiting, waiting
green glow song
of the microwave clock

un albatros
autour du cou d'une mère
attendre, attendre
chanson de l'horloge
vert fluo du micro-onde

Part Seven: Dancing a Tango By Ocean's Edge

Septième partie: Nous dansons le tango au bord de l'océan

just arrived
we toss our socks
for reedy sandals
this island's welcome
in the sound of surf

dès notre arrivée
nous troquons nos bas
pour des sandales en roseau
l'île nous salue
au bruit des vagues

buffet guest
regales us with tales
of a frenzied shark feeding
our eyes too big
for our stomachs

l'invité au buffet
nous régale d'histoires
de fringales de requins
nos yeux
plus grands que la panse

Adonis on the beach
explains
the blue turf gorgonians
named after
Greek legends

Adonis sur la plage
nous décrit
les gorgones bleues
nommées ainsi
d'après les légendes grecques

ocean kayaking
I keep my paddle
just so far
from the tails
of sting rays

en kayak sur l'océan
je garde ma pagaie
juste assez loin
des aiguillons
des raies pastenagues

Bahama mamas
we're dancing a tango
by ocean's edge
the sun dips us low
into water

"Bahama mamas"
nous dansons le tango
au bord de l'océan
le soleil nous plonge
sous l'eau

old fashioned fish fry
steel band music
the whole works
my face sore
from laughing

repas de poissons à l'ancienne
musique de steelpans
la totale!
j'ai mal
à force de rire

Part Eight: Homesick in Asia

Huitième partie: Le mal du pays en Asie

homesick
for peanut butter sandwiches
travelling in Asia

nostalgique
de sandwichs au beurre d'arachide
voyage en Asie

alone in Tokyo
even the chopsticks
in pairs

seule à Tokyo
même les baguettes
sont en paires

fourth floor
of the foreign teacher's building
from latticed windows
shadows fall
into the scent of rain

quatrième plancher
de l'édifice des professeurs étrangers—
par le treillage des fenêtres
des ombres tombent
dans l'odeur de la pluie

first day of classes
in the Chinese school
on a roadside stone
a blue and gold dragonfly
quivers

premier jour de classes
dans l'école chinoise
sur une pierre au bord de la route
une libellule or et bleue
frémit

lazy afternoon
from the teacher's room next door
a pipa melody
and wildflowers spilling out
of a vase

après-midi paisible
d'une chambre d'enseignant
une mélodie de pìpa
et des fleurs sauvages débordant
d'un vase

modern Shanghai
music from a discotheque
beside the ancient temple
the moon slides in
and out of clouds

Shanghai moderne
musique d'une discothèque
à côte d'un ancien temple
la lune entre
et sort des nuages

the hands
of the kite master
flying

les mains
du maitre du cerf-volant
volant

just before rain
the boy with the flute, plays
for the elephant

juste avant la pluie
le garçon avec la flûte joue
pour l'éléphant

Angkor Wat
finally, stone
has the last word

Angkor Wat
finalement, la pierre
a le dernier mot

cloudless
in a Phnom Penh market
prostheses and silk
a tuk-tuk driver
clangs his bell

aucun nuage
au marché de Phnom Penh
des prothèses et de la soie
le conducteur de tuk tuk
sonne sa cloche

monks' chanting
in the temple
and beyond

le chant des moines
dans le temple
et au-delà

monks
and the sad music
of history
saffron burning
1963

les moines
et la musique triste
de l'histoire
le safran en flammes
1963

92

street children
my camera brings them
home

enfants de la rue
mon appareil photo les amène
à la maison

Judy Garland sings
"Over the Rainbow"
even here
on a bus ride
to the Bangkok airport

Judy Garland chante
«Over the Rainbow»
même ici
dans l'autobus
menant à l'aéroport de Bangkok

temple bells at dusk
in the curl of incense smoke
the dragonfly's glitter

cloches du temple au crépuscule
dans la fumée de l'encens
l'éclat de la libellule

mountain mist
blossoms in the hair
of stone goddesses

brume de montagne
les fleurs dans les cheveux
des déesses de pierre

94

walled city
even my postcards
contain secrets

ville fortifiée
même mes cartes postales
contiennent des secrets

last night in Bali
alone
the mating frogs

dernier soir à Bali
seule
des grenouilles s'accouplent